GRAMEMO - 42 FICHES ULTRA-PRATIQUES POUR AMÉLIORER IMMÉDIATEMENT VOTRE GRAMMAIRE

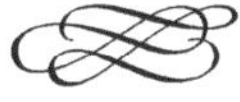

CHRISTELLE MOLON

TABLE DES MATIÈRES

A toute la communauté Gramemo

INTRODUCTION

Je vous souhaite la bienvenue dans ce troisième volume des Petits Guides Gramemo !

Il regroupe la plupart des fiches publiées sur www.gramemo.org au cours de la troisième année d'existence du site et vous propose, en bonus, trois chapitres extraits du livre *Maîtrisez les bases de la grammaire française en moins d'une heure*. Il peut parfaitement être lu indépendamment des deux premiers volumes de la série Les Petits Guides Gramemo.

Si vous suivez déjà Gramemo depuis un moment et que vous avez découvert nos recueils grâce à nos articles et publications sur le site, je vous remercie pour votre confiance et votre soutien !

Si vous avez acheté ce livre sans connaître Gramemo, je vous remercie également pour votre confiance et vous invite à rejoindre la communauté sur les réseaux sociaux et sur www.gramemo.org ! Vous découvrirez plusieurs fois par semaine des fiches et articles destinés à rendre simples et pratiques l'apprentissage et la mémorisation des subtilités du français.

_x_

Que le français soit votre langue maternelle ou non, que vous soyez étudiant ou enseignant de notre belle langue, ces fiches sont faites pour vous !

Bien à vous,

Christelle Molon, le 2 décembre 2017

Commentaires de clients Amazon sur le livre « Gramemo – Maîtrisez les bases de la grammaire française en moins d'une heure »

5 étoiles – **Je conseille !**

"Un petit ouvrage bien complet qui donne des explications claires pour les bases du français, avec un parcours rapide et un autre plus détaillé pour ceux qui ont besoin de plus d'explications et d'exemples."

5 étoiles – **Excellent outil de travail**

"Excellent outil de travail pour nos cours de FLE et aussi pour nos étudiants. Des explications claires et des exemples pertinents."

5 étoiles – **Au top !**

"Tout au long de ma carrière scolaire je n'ai pu avoir l'opportunité de comprendre avec clarté les bases de la grammaire.

Aujourd'hui je suis fière de pouvoir vous dire le contraire, ce livre est une mine d'or d'informations très bien structurées et je le recommande vivement !"

5 étoiles – **A mettre entre toutes les mains !**

"Excellent ouvrage, très clair, très ludique, très abordable par tous, loin d'autres "oeuvres" du même genre trop indigestes.

La table des matières permet un accès facile aux notions que l'on souhaite interroger.

A consommer sans modération !!!"

Commentaires de clients Amazon sur le recueil « Gramemo - 41 fiches ultra-pratiques pour améliorer immédiatement votre grammaire »

5 étoiles – **très utile**

"Un livre très utile avec des fiches simples et claire qui permettent de mémoriser mieux et facilement l'ortographe et la grammaire de la langue française. Un grand merci à l'auteur pour son idée géniale. Je conseille ce livre vivement."

5 étoiles – **Bravo ! A diffuser partout !!!**

"Ce guide est génial pour réviser notre grammaire et notre orthographe.

Son petit format et sa forme synthétique sont parfaits.

Il permet d'apporter des réponses claires aux enfants avides d'orthographe : ma fille de 10 ans le consulte régulièrement !

Vivement le prochain volume !"

5 étoiles – **Utile !**

"Recueil de fiches grammaticales très bien fait. Clair et précis, juste ce qu'il faut pour comprendre.

Je vais tester les exercices maintenant !"

Commentaires de clients Amazon sur le recueil « Gramemo - 40 fiches ultra-pratiques pour améliorer immédiatement votre grammaire »

5 étoiles – **Des fiches bien pratiques!**

"J'ai apprécié ce livre - guide avec des fiches très utiles pour apprendre et/ou réviser le français... Le format est pratique et on ne risque pas de s'ennuyer!"

5 étoiles – **Très bon produit**

"Très bien fait utile pour ceux qui veulent se remettre en français. Moi je l'ai utilisé via Kindle et je suis satisfaite car pas de papier à manipuler."

Quelques commentaires des utilisateurs de Gramemo sur Facebook

« Ces fiches sont excellentes. Claires, précises, elles me facilitent la tâche en classe. Mes élèves adorent. Bravo pour ce travail bien fait. La grammaire devient un jeu d'enfant. Félicitations! continuez, on en demande encore et encore."
utilisateur Facebook

« Merci à l'excellent Gramemo, un site qu'on aime et qu'on suit ! »
Améliorer votre français avec Lola, page Facebook

« Bravo, je partage très bien fait.»
utilisatrice Facebook

« Bravo pour vos petites fiches, aussi claires qu'attractives ! »
Gabfle, page Facebook

« Très intéressant! Merci.»
utilisatrice Facebook

« J'aime beaucoup.»
utilisatrice Facebook

« Gramemo j'adore, je partage ! »
Améliorer votre français avec Lola, page Facebook

Déjà près de 9400 abonnés sur la page Facebook Gramemo.
Et vous ?

PREMIÈRE PARTIE — 28 FICHES SIMPLES

Les pages qui suivent regroupent 28 fiches publiées lors de la troisième année d'existence de Gramemo, entre le 21 octobre 2016 et le 28 septembre 2017. Elles ont pour but d'aider les lecteurs à bien comprendre certains concepts ou à bien différencier des homophones, tout en mémorisant le plus facilement possible les explications.

SOI, SOIE OU SOIT

Cet article vous aidera à bien différencier les homophones soi, soit et soie.

Soi est un pronom personnel réfléchi de la 3e personne du singulier, une forme accentuée de se. Exemples : Chacun pour soi. On a toujours besoin d'un plus petit que soi. Elle a eu beaucoup de mal à rester maître de soi.

Soi apparaît dans plusieurs expressions:
– cela va de soi : c'est évident
– de soi-même : spontanément
– soi-disant : prétendu (attention à l'orthographe, on n'écrit pas soit-disant)

Soit est un adverbe qui signifie l'approbation.
Exemple : Soit, je viendrai donc à 19 heures.
Prononciation : On prononce le -t final.

Soit (ou **soient**) est un adverbe qui permet de présenter les données dans l'énoncé d'un problème de mathématiques par exemple.

Exemples : Soit un train qui avance à quatre-vingt-dix kilomètres à l'heure. Soient deux droites parallèles.

Soit est une conjonction qui, utilisée plusieurs fois dans la phrase, exprime une alternative.

Exemple : Dans ce restaurant tu peux choisir soit de la viande, soit du poisson, soit des fruits de mer.

Soit, **sois** et **soient** sont des formes conjuguées du verbe être à l'impératif et au présent du subjonctif.

Exemples : Sois présent ce soir ! Que je sois, que tu sois, qu'il / elle / on soit, qu'ils soient

La **soie** est un fil produit par les larves de divers papillons et utilisé pour produire des textiles. On appelle aussi soie notamment les poils de certains animaux comme les porcs, ou encore les fils sécrétés par les araignées pour tisser leurs toiles.

Exemples : C'est un élevage de vers à soie. Il lui a offert un foulard en soie. Les poils de ce pinceau sont en soie de porc.

soi = pronom personnel réfléchi, forme accentuée de «se»

soie = fil produit par des larves de papillons, utilisé pour produire des textiles

Chacun pour soi.

des draps en soie

soi, soie ou soit

Soit, j'accepte.
Tu peux choisir soit des frites soit du riz.
Qu'il soit à l'heure !

soit = adverbe, conjonction ou formes conjuguées du verbe être (sois, soit, soient)

retrouvez d'autres fiches sur www.gramemo.org

gramemo

VOIX, VOIE, VOIS, ETC

Un nouvel article consacré à des homophones ! Cette fois nous vous aidons à y voir plus clair entre voix, voie, vois, voit, voient, etc., vous voyez ce que je veux dire.

LA **VOIX** EST un nom féminin qui désigne notamment la faculté des êtres humains d'émettre des sons, l'ensemble des sons produits par les cordes vocales mais aussi un suffrage exprimé lors d'un vote.

Exemples : Elle a eu une extinction de voix. Il a une très belle voix. Tu ne dois pas te laisser faire mais faire entendre ta voix ! Celui qui obtient le plus de voix remporte normalement l'élection.

VOIX APPARAÎT DANS PLUSIEURS EXPRESSIONS :

- rester sans voix : ne plus pouvoir parler sous le coup de l'émotion
- de vive voix : en parlant (et non par écrit)
- donner de la voix : crier, se faire entendre

LA **VOIE** EST un nom féminin qui indique un chemin ou un accès, littéralement ou non.

Exemples : Il roule sur la voie rapide. Mon train arrivera en gare voie C. Elle n'a pas choisi la voie la plus facile pour être ce qu'elle est aujourd'hui. Je crois que nous sommes sur la bonne voie.

VOIE APPARAÎT ÉGALEMENT dans de nombreuses expressions :
- en bonne voie : bien parti pour avoir une fin satisfaisante
- être en voie de (guérison, disparition, etc.) : être en train de, sur le chemin de
- mettre quelqu'un sur la voie : aider quelqu'un à progresser vers son but, donner un indice
- montrer la voie : être le premier à faire quelque chose, être un pionnier dans un domaine
- la voie est libre : nous pouvons agir librement

VOIS, **voit**, **voient**, **voie**, **voies** sont des formes conjuguées du verbe voir au présent de l'indicatif, à l'impératif et au subjonctif présent.

Exemples : je vois, tu vois, il/elle voit, ils/elles voient, vois !, que je voie, que tu voies, qu'il/elle voie, qu'ils/elles voient

voix = faculté de parler/chanter, son des cordes vocales, suffrage lors d'un vote
voie = chemin, accès
Tu as une belle voix.
Elle nous montre la voie. Il roule sur une voie rapide.
voix, voie ou vois (etc.)
je vois, tu vois, il voit, elles voient, qu'ils voient, que tu voies, que je voie, vois !
vois, voit, voient, voie, voies = formes conjuguées du verbe voir
retrouvez d'autres fiches sur www.gramemo.org
gramemo

REPAIRE OU REPÈRE

$\mathcal{N}$ous allons consacrer cet article à des homophones qui posent beaucoup de problèmes : repère et repaire (etc.).

UN REPÈRE (NOM masculin) est un objet ou une marque qui permet de trouver quelque chose, de s'orienter ou encore de faire une mesure ou d'évaluer une distance.

Exemples : Je viens d'arriver dans cette ville et je n'y ai encore aucun repère. Il a tracé une croix sur la carte en guise de repère pour le trésor. Elle a tracé plusieurs repères sur la feuille pour savoir où faire les découpes.

Repère, **repères** et **repèrent** sont des formes conjuguées du verbe repérer.

Rappel : (présent de l'indicatif) je repère, tu repères, il/elle/on repère, ils/elles repèrent

(impératif) repère ! repères-y ! repères-en !

(subjonctif présent) que je repère, que tu repères, qu'il/elle repère, qu'ils/elles repèrent

Un **repaire** (nom masculin) est un endroit généralement secret qui sert de refuge à des individus malveillants. Dans le langage courant, un repaire peut aussi désigner une cachette utilisée par les enfants ou un endroit privé dans lequel une personne se sent à l'aise.

Exemple : La police recherche activement le repaire de ce groupe de cambrioleurs. Elle m'a invitée dans son repaire, une chambre pleine de livres et à l'air confortable.

Reperd et **reperds** sont des formes conjuguées du verbe reperdre (perdre à nouveau).

Exemples : je reperds, tu reperds, il/elle reperd

FOND, FONT, FONDS

Cet article est consacré aux homophones fond, fonds, font et fonts.

FOND ET **FONDS** sont des formes conjuguées du verbe fondre au présent de l'indicatif et à l'impératif.

Exemples : je fonds, tu fonds, il/elle/on fond. Fonds !

FONT EST le verbe faire conjugué à la troisième personne du pluriel au présent de l'indicatif.

Exemple : Ils font du bruit depuis une heure.

LE **FOND** EST un nom masculin qui désigne la partie la plus basse d'un objet creux, la partie la plus éloignée d'une ouverture dans un contenant, un endroit reculé ou encore la base, le côté authentique de quelque chose.

Exemples : La pièce est tombée au fond du trou. Il a coulé tout au fond. Ils sont dans la pièce du fond. J'habite au fin fond de cette

forêt. Tu ne saisis pas le fond du problème. Je te le dis du fond
du cœur.

Pluriel : les fonds

Un **fonds** est en général une somme d'argent, un placement, une
affaire commerciale ou un ensemble d'ouvrages ou d'œuvres
détenu par une bibliothèque ou un musée.

Exemples : Il a gagné de grosses sommes d'argent grâce à des
fonds d'investissement. C'est son fonds de commerce. Il a dû
arrêter par manque de fonds.

Pluriel : les fonds

Enfin, les **fonts** baptismaux (toujours au pluriel) désignent la cuve
au-dessus de laquelle on baptise un enfant et dans laquelle coule
donc l'eau du baptême.

A L'ATTENTION DE, À L'INTENTION DE

Cet article est très court et vous aidera (une fois pour toutes) à ne plus vous tromper et à adresser une lettre à l'attention de quelqu'un (et non à l'intention de quelqu'un).

UNE LETTRE EST ADRESSÉE **à l'attention de** quelqu'un. En d'autres termes, elle lui est destinée tout particulièrement, et l'expéditeur s'attend à ce que le destinataire accorde son attention au courrier ou au document en question.

Exemple : Entreprise MachinChouette

A l'attention de Mme Julie Joyeuse

13, rue des Opportunités

12345 Commeilvousplaira

L'EXPRESSION **à l'intention de** fait référence à une chose qui est faite pour, en l'honneur de.

Exemples : Elle a prévu des petits jeux à l'intention des enfants qui participeront à la soirée. Des brochures ont été disposées à l'entrée de l'exposition à l'intention des visiteurs.

ASTUCE : Puisque la question semble se poser le plus souvent dans le cas des courriers, retenez la phrase suivante : en cas de doute, **attention** !

GÈNE OU GÊNE

Cet article vous aidera à bien différencier les homophones *gène* et *gêne*, qui se ressemblent beaucoup mais n'ont ni le même sens, ni les mêmes racines.

Un **gène** (nom masculin – accent grave) est un élément présent dans les chromosomes. Le mot trouve ses racines dans le nom grec qui signifie origine, naissance.

Exemples : Sa vivacité d'esprit et sa soif de connaissances doivent être inscrites dans ses gènes. Ces chercheurs étudient les gènes et leur rôle dans la transmission de certaines maladies.

Attention : Les mots dérivés de *gène* prennent un accent aigu (génome, génétique, etc.).

La **gêne** (nom féminin – accent circonflexe) désigne un sentiment ou un état de malaise (physique ou psychologique), un embarras, un désagrément imposé par une autre personne. Le mot vient de l'ancien français et faisait alors référence à la torture et aux aveux !

L'expression « être sans gêne » signifie : prendre ses aises sans se soucier des autres.

Exemples : Son départ précipité a causé une certaine gêne. Ses allergies lui causent une importante gêne respiratoire. Il est vraiment sans gêne !

Note : Ce mot est rarement utilisé au pluriel.

GÊNE EST AUSSI une forme conjuguée du verbe gêner au présent de l'indicatif et à l'impératif.

Exemples : je gêne, il/elle/on gêne, gêne !

QUINQUAGÉNAIRE OU CINQUANTENAIRE

Cet article extrêmement court va vous aider à éviter une erreur fréquente, que j'avoue avoir déjà faite moi-même : la confusion entre cinquantenaire et quinquagénaire.

CINQUANTENAIRE EST un nom masculin qui désigne le cinquantième anniversaire d'un évènement (et en aucun cas une personne).

Exemple : Le cinquantenaire du débarquement allié a donné lieu à de nombreuses commémorations.

UN QUINQUAGÉNAIRE EST une personne âgée de 50 à 59 ans. Quinquagénaire peut être utilisé comme nom ou comme adjectif.

Exemples : Un couple de quinquagénaires était installé à la table voisine. Les femmes quinquagénaires sont le public-cible de cette société de cosmétiques.

De la même manière, veillez à ne pas confondre quadragénaire (personne âgée de 40 à 49 ans) et quarantenaire (qui dure 40 ans).

Pour mémoire :
de 20 à 29 ans : vingtenaire (peu utilisé)
de 30 à 39 ans : trentenaire
de 40 à 49 ans : quadragénaire
de 50 à 59 ans : quinquagénaire
de 60 à 69 ans : sexagénaire
de 70 à 79 ans : septuagénaire
de 80 à 89 ans : octogénaire
de 90 à 99 ans : nonagénaire
au-delà de 100 ans : centenaire

SAIN, SEIN, SAINT, ETC

Cet article va vous aider à employer correctement chacun des homophones suivants : sain, saint, sein, ceint/ceins et seing.

SAIN EST un adjectif qui désigne une chose ou une personne qui ne présente aucune maladie ou anomalie, qui est en bonne santé ou encore qui favorise une bonne santé.

Exemples : Les légumes et les fruits sont des aliments sains. Il s'efforce d'avoir le proverbial esprit sain dans un corps sain.

Féminin : saine

Contraire : malsain

SAINT PEUT ÊTRE un nom ou un adjectif. Il peut désigner un Chrétien canonisé dont la vie est présentée comme exemple, une personne vénérée après sa mort dans certaines autres religions, ou d'une manière générale, une personne dont la vie et la bonté sont exemplaires. L'adjectif saint est utilisé d'une manière générale pour désigner tout ce qui concerne l'Église.

Exemples : La Semaine Sainte est la semaine qui précède la fête de Pâques. Cette femme est une vraie sainte, elle fait toujours passer les besoins des autres avant les siens.

Le sein désigne la partie antérieure de la poitrine, qui chez la femme est plus développée et contient les glandes mammaires.

Exemple : Elle donne le sein à son nouveau-né.

Le seing est la signature d'une personne sur un acte, pour prouver son authenticité.

Un acte passé sous seing privé n'a pas été passé devant un notaire.

Ceint et **ceins** sont des formes conjuguées du verbe ceindre, qui signifie en langage assez soutenu « entourer une partie du corps » (généralement la tête).

Exemple : Un bandeau ceint son front.

sain (adjectif) = en bonne santé, ou qui favorise une bonne santé
sein = partie antérieure de la poitrine
Il a un mode de vie très sain.
Elle donne le sein à son bébé.
sain, sein
seing = signature sur un acte
ceins/ceint = conjugaisons du verbe ceindre
ou
saint
Merci ! Tu es un saint !
saint (nom ou adjectif)= Chrétien canonisé, personne à la bonté exemplaire, chose en relation avec l'Église
retrouvez d'autres fiches sur www.gramemo.org
gramemo

PLEIN OU PLAIN

*N*ous allons consacrer cet article au(x) bon(s) usage(s) de plein (et de plain).

PLEIN EST un adjectif dont le contraire est vide. Il peut indiquer une grande quantité, un haut degré ou encore l'absence de vide dans un matériau.

Exemples : Le train était plein de voyageurs, impossible d'y monter. Cette bouteille est à moitié pleine. Il est plein de motivation. Je suis en pleine forme. Ce meuble est en bois plein.

PLEIN EST un nom masculin qui peut désigner notamment un espace totalement occupé par de la matière, la quantité d'essence que peut contenir un réservoir, ou encore, en calligraphie, la partie forte et large d'une lettre (contrairement au délié).

Exemples : Cette voiture peut faire près de 800 kilomètres avec un seul plein. Cette plume de calligraphie permet de faire de magnifiques pleins et déliés.

PLEIN PEUT ÊTRE UTILISÉ dans la langage familier comme synonyme de beaucoup. Dans ce cas c'est un adverbe et il reste invariable.

Exemples : Je t'ai appelé plein de fois et tu ne m'as jamais répondu. Elle garde plein d'objets dans ce tiroir.

PLAIN EST un adjectif qui n'est plus que très rarement utilisé, presque exclusivement dans la locution adverbiale « de plain-pied » qui fait référence à un logement dont toutes les pièces sont construites au même niveau et qui n'a donc pas d'étage.

PLAINS ET PLAINT sont des formes conjuguées du verbes plaindre.

Exemples : Ne te plains pas sans cesse ! C'est un plaisir de voyager avec lui car il se plaint très rarement. Je plains ses voisins, il joue de la batterie sans se soucier de l'heure.

VER, VERS, VERRE, VERT, VAIR

Cet article est consacré à un groupe d'homophones qui pose beaucoup de problèmes, j'ai nommé « vert », « vers » et leurs acolytes.

Un **VER EST** un petit animal de forme allongée, au corps ne comportant aucune partie dure et n'ayant généralement pas de pattes.

Exemples : ver de terre, ver luisant, ver à soie, ver solitaire, etc.

Pluriel : vers (attention à ne pas le confondre avec la préposition vers)

À noter : L'expression « tirer les vers du nez à quelqu'un » signifie « faire avouer habilement à quelqu'un une chose qui devait rester secrète ».

VERS EST une préposition qui signifie « en direction de ». Elle peut aussi exprimer la proximité d'un lieu ou une approximation pour une date ou un horaire (= aux environs de).

Exemples : J'avance vers toi. = J'avance dans ta direction. Viens vers 13 heures.

Un **vers** est un assemblage de mots, utilisé en poésie et rythmé selon le nombre de syllabes, les rimes éventuelles, etc.

Exemple : Victor Hugo est très connu pour ses romans mais il a également écrit de nombreux vers.

Le **verre** est un matériau fabriqué, généralement transparent, ou un récipient fait à partir de ce matériau. Il peut également désigner la quantité de boisson contenue dans ce récipient.

Exemples : Il a bu un verre d'eau avant d'aller se coucher. Cette table est en verre.

Vert est un adjectif de couleur. Il peut aussi faire référence à quelque chose d'immature, encore jeune, en rapport avec le monde rural ou encore avec l'écologie.

Exemples : Il a peint sa clôture en vert. Ces tomates sont encore vertes, tu ne peux pas les cueillir tout de suite. Qui est le candidat des Verts à la prochaine élection ?

Le **vair** désigne la fourrure du petit-gris, une race d'écureuils. Ce mot est surtout connu grâce à la pantoufle de vair de Cendrillon, très souvent représentée — à tort — comme une pantoufle de verre.

ver = animal long, mou et sans pattes (pluriel : vers)
ver à soie, ver de terre, ver luisant
vers (prép.) = en direction de, aux environs de
C'est arrivé vers 21 heures.
ver, vers, vert, vair ou verre
vair = fourrure d'écureuil
une table en verre
un portail vert
vert = couleur
verre = matériau transparent, récipient utilisé pour boire
retrouvez d'autres fiches sur www.gramemo.org
gramemo

TORT OU TORD

$\mathcal{C}$et article très court va vous aider à éliminer définitivement une erreur fréquente : la confusion entre tort et tord. Ils sont souvent utilisés… à tort et à travers.

Un **tort** (nom masculin) est la responsabilité d'un acte ou comportement entraînant des conséquences regrettables. On appelle aussi tort le préjudice subi par une victime.

Exemples : Il ne sait pas reconnaître ses torts. Cet accident lui a causé beaucoup de tort.

Expressions :

à tort : pour de mauvaises raisons, de manière injuste

à tort et à travers : n'importe comment

à tort ou à raison : que ce soit justifié ou non

avoir tort : contraire de « avoir raison »

être en tort / dans son tort : avoir commis une faute, une infraction donner tort à quelqu'un : dire / prouver que quelqu'un se trompe ou qu'il a mal agi

TORD ET **TORDS** sont des formes conjuguées du verbe tordre.
Exemples : je tords, tu tords, il / elle / on tord, tords !

PAIRE, PAIR, PERD, PERDS, PERS

Après notre article, paru il y a un peu plus d'un an, sur les homophones de mère, il est grand temps de nous attaquer aux homophones de père ! (paire, pair, perd, perds, pers)

UN **PÈRE** EST un homme qui a engendré ou adopté un ou plusieurs enfants ou qui agit comme tel, le créateur d'une œuvre ou d'un mouvement, ou encore un prêtre.

Exemples : Il a toujours été pour moi comme un père. Isaac Asimov est considéré comme l'un des pères de la science-fiction. Nous allons rencontrer le père Joseph pour discuter de l'organisation de notre mariage.

UNE **PAIRE** DÉSIGNE un ensemble de deux choses généralement destinées à être utilisées ensemble, une chose unique composée de deux pièces ou encore un ensemble de parties du corps symétriques ou un couple d'animaux.

Exemples : Il a apporté une paire de bottes. Elle a une nouvelle paire de lunettes. J'ai besoin d'une paire de ciseaux. Ce taureau a une impressionnante paire de cornes. La charrue est tirée par une paire de bœufs.

Pair est un adjectif qualifiant les nombres qui, divisés par 2, donnent un nombre entier. Par extension, les choses portant un numéro pair sont également dites « paires » (semaines paires, côté pair de la rue, etc.).

Exemple : Les nombres pairs sont faciles à retenir : deux, quatre, six, huit, dix, douze, etc.

Contraire : impair

Les **pairs** (nom masculin pluriel) sont des personnes qui occupent le même rang, la même classe sociale.

Exemple : Il sera jugé par un jury composé de ses pairs.

Synonymes : semblables

Perd et **perds** sont des formes conjuguées du verbe perdre.

Exemples : je perds, tu perds, il / elle / on perd, perds !

Enfin, **pers** est un adjectif plutôt littéraire qui désigne une couleur entre le vert et le bleu.

Exemple : Elle a les yeux pers.

père = papa d'un enfant, créateur d'une oeuvre, prêtre
Je te présente mon père.
> pair (adj.) = divisible par 2
> pairs (nom) = semblables
12 est un nombre pair.
père, pair, paire, pers ou perds
pers = couleur entre vert et bleu
une paire de ciseaux
Il perd patience.
paire = ensemble de 2 choses ou chose unique composée de 2 pièces
perd / perds = formes conjuguées du verbe perdre
retrouvez d'autres fiches sur www.gramemo.org
gramemo

FAIM, FIN, FEINT

Cet article vous aidera à bien utiliser les homophones faim, fin et feint.

LA **FAIM** EST l'ensemble des sensations physiques provoquées par le besoin de manger.

Exemples : Je commence toujours à avoir faim environ une heure avant le repas de midi. La faim dans le monde est un problème majeur.

LA **FIN** DÉSIGNE l'achèvement ou l'interruption de quelque chose, ou encore la phase finale de quelque chose. La fin peut aussi faire référence à un but, ou encore à la mort d'une personne.

Exemples : Il est parti avant la fin du film. La fin de journée a été très agréable. Il est prêt à tout pour parvenir à ses fins. On dit que les animaux sentent lorsque leur fin est proche.

Fin est un adjectif qui est le contraire d'épais. Il peut aussi signifier délicat, raffiné, subtil, léger.

Exemples : Ce crayon trace des traits fins. Il aime les vins fins. Ce magasin vend de la lingerie fine.

Feins et **feint** sont des formes conjuguées du verbe feindre (simuler un sentiment).

Exemples : Je feins, tu feins, il / elle / on feint, feins !, vous avez feint (à ne pas comprendre avec « vous avez faim » !)

GRÉ OU GRÈS

Cet article se propose de vous aider à bien utiliser les homophones gré et grès, tout en passant en revue les expressions utilisant le mot gré.

LE **GRÉ** EST un nom masculin qui fait référence à la volonté d'une personne ou d'une chose, et il apparaît dans de nombreuses expressions :

– AU GRÉ / selon le gré de quelqu'un : selon les désirs, les sentiments ou les caprices de quelqu'un
Exemple : Il ne participe pas assez aux efforts du groupe à mon gré. (= à mon avis, selon moi)
– au gré de quelque chose : selon les caprices de quelque chose
Exemple : Le bateau avance au gré du vent.
– de bon gré / de (son) plein gré : volontiers, de bon cœur, librement
Exemple : J'avais besoin d'aide et il a accouru de son plein gré.

– de mauvais gré / contre son gré : contre sa volonté, par la force

Exemple : Il a rangé sa chambre de mauvais gré, uniquement motivé par la menace d'une possible punition.

– bon gré mal gré : malgré soi, de manière résignée

Exemple : Ils ont commencé les révisions bon gré mal gré.

– de gré ou de force : volontairement ou par la force

Exemple : Ils finiront par revenir, de gré ou de force.

– savoir (bon) gré à quelqu'un de quelque chose : être reconnaissant à une personne pour quelque chose

Exemple : Je vous saurais gré de bien vouloir me contacter dès que possible.

– savoir peu de gré / savoir mauvais gré à quelqu'un de quelque chose : ne pas apprécier les paroles ou procédés de quelqu'un

Exemple : Je lui sais peu de gré de ses tentatives répétées pour semer la zizanie.

– de gré à gré : d'un commun accord

Exemple : Ils ont conclu un contrat de gré à gré.

LE GRÈS EST un type de roche sédimentaire à base de silice, et désigne aussi une céramique opaque et dure obtenue grâce à une cuisson à une température supérieure à 1200 degrés Celsius.

Exemples : Le grès est souvent utilisé comme matériau de construction. Ce vase chinois ancien est en grès.

gré = volonté ou
caprice de quelqu'un
ou de quelque chose

> de son plein gré
> bon gré mal gré
> de gré ou de force
> contre son gré
> savoir gré à quelqu'un
de quelque chose
> ...

gré

ou

grès

Vous pouvez faire la
visite à votre gré.

Ce vase précieux est en
grès de Chine.

grès = pierre utilisée
pour la construction,
céramique

retrouvez d'autres fiches sur www.gramemo.org

gramemo

PHARE, FARD OU FAR

Cet article vous aidera à bien différencier les homophones phare, fard et far.

UN **PHARE** EST une tour élevée équipée d'une puissante lumière destinée à guider les bateaux pendant la nuit. Un phare peut aussi être un puissant projecteur lumineux placé sur un véhicule.

Exemples : Il a toujours rêvé d'être gardien de phare. Il commence à faire nuit, pense à allumer tes phares pour le trajet du retour.

Attention : Phare peut aussi être utilisé en apposition (avec ou sans trait d'union) pour signaler qu'une chose sert de modèle.

Exemple : Cette réforme est l'une des mesures phares de son programme électoral.

LE **FARD** EST une sorte de maquillage destiné à masquer des défauts de la peau, à en changer la couleur ou à rehausser l'éclat du teint.

Exemple : Elle a acheté un nouveau fard à paupières.

Expressions :
– piquer un fard (familier) = rougir
– parler sans fard = parler librement, sans artifices

En Bretagne, le **far** est une sorte de flan aux raisins secs ou aux pruneaux.

Exemple : J'ai toujours voulu goûter du far breton mais je n'en ai encore jamais eu l'occasion.

TERRE, TAIRE, TER

Nous allons aujourd'hui nous pencher sur les homophones terre, taire et ter.

TERRE EST un nom féminin aux (très) nombreux sens, dont voici les principaux :

– La Terre (avec une majuscule) est la planète sur laquelle nous vivons (du moins, au moment où j'écris cet article ! ;)).

Exemple : La Terre est la troisième planète en partant du soleil, après Mercure et Vénus.

– La terre peut désigner l'ensemble du monde, des lieux habités ou encore l'ensemble de l'humanité.

Exemples : Il était si fier d'avoir un fils qu'il voulait l'annoncer à la terre entière. Nous avons passé deux ans à parcourir la terre.

– La terre peut désigner le lieu où l'homme passe sa vie, par opposition à la mort ou à l'au-delà.

Exemple : Il a quitté cette terre dans des conditions non élucidées.

– La terre est la matière de couleur brune dans laquelle poussent les végétaux.

Exemple : Ses bottes sont pleines de terre.

– La terre est aussi la partie émergée du globe, par opposition à la mer.

Exemple : Ils naviguaient depuis des jours lorsque l'un des marins cria enfin : « Terre ! »

– La terre peut aussi désigner un terrain possédé par une personne ou un organisme.

Exemple : Il voyait souvent des biches et des renards traverser ses terres.

– La terre désigne un sol cultivable, ou d'une manière générale, les activités agricoles. Dans ce cas terre reste au singulier.

Exemple : Ce couple vit principalement des produits de la terre.

Quelques expressions :

– être terre à terre : être proche des préoccupations quotidiennes

– mettre quelqu'un en terre : enterrer quelqu'un

– mettre quelqu'un plus bas que terre : mépriser quelqu'un, tenir sur une personne des propos très durs

– par terre : sur le sol

– à l'intérieur des terres : loin du bord de mer

– redescendre sur terre : sortir d'un moment de rêverie

Taire est un verbe signifiant ne pas dire, ne pas révéler. Se taire signifie ne pas parler ou cesser de parler.

Exemple : Il a préféré taire la vérité pour ne pas s'attirer d'ennuis. Nous aurions mieux fait de nous taire.

Terre, **terres** et **terrent** sont des formes conjuguées des verbes terrer (épandre de la terre) et se terrer (se cacher à l'abri du danger).

Exemples : je terre, tu terres, il / elle / on terre, ils / elles terrent, je me terre, tu te terres, il / elle / on se terre, ils / elles se terrent

TER EST un adverbe d'origine latine qui indique qu'un refrain ou un vers doit être dit ou chanté trois fois. Utilisé après bis dans une numérotation, il est le troisième élément d'une suite portant le même numéro.

Exemple : Les Legrand habitent au 2a, les Dupont au 2bis et nous au 2ter, rue d'Orléans.

STATUE, STATUT, STATUENT

*C*et article vous aidera à bien différencier les homophones statue, statut et statuent (entre autres).

UNE STATUE EST une représentation artistique en relief d'une personne ou d'un animal. Elle peut être en pierre, en bois, en bronze, etc.

Exemples : Il profita de son voyage pour aller voir la Statue de la Liberté. La statue la plus célèbre de Rodin est Le Penseur.

STATUE, **statues** et **statuent** sont des formes conjuguées du verbe statuer (prendre une décision, juger).

Exemples : je statue, tu statues, il / elle / on statue, ils / elles statuent, statue !

LE STATUT PEUT DÉSIGNER la situation d'une personne dans un groupe, un état fixé par une loi ou un règlement, ou encore un ensemble de règles définies pour la conduite d'une association, entreprise, etc.

Exemples : Tu accordes beaucoup trop d'importance au statut social. Il a demandé le statut de réfugié politique. Les statuts de l'association ont été publiés en date du 10 décembre.

Le STATU **quo** est un nom masculin invariable d'origine latine qui désigne une situation à un moment donné.

Exemple : Il essaie par tous les moyens de maintenir le statu quo.

COUR, COURS, COURT, COURENT

Cet article vous aidera à employer correctement les homophones cour, cours, court, courre, etc.

UNE **COUR** EST un espace découvert, entouré de murs ou de bâtiments, faisant partie d'une école, d'une habitation, etc. La cour peut aussi désigner l'entourage d'un souverain, sa résidence, un groupe de personnes cherchant à plaire à une personne en particulier, ou encore les membres d'une juridiction dans un tribunal.

Exemples : Les enfants ont hâte d'aller jouer dans la cour de récréation. Molière écrivait des pièces destinées à divertir la cour du roi. L'actrice avançait, entourée de la cour de ses prétendants. L'affaire sera jugée mercredi en cour d'appel.

UN **COURS** EST un enseignement donné par un professeur à un ou plusieurs élèves. Le cours peut également faire référence au mouvement ou au parcours d'une masse liquide, ou à l'enchaînement de plusieurs évènements. Enfin, le cours est le taux ou prix auquel se négocient des marchandises ou valeurs.

Exemples : Elle a cours d'anglais à 8 heures, puis cours de mathématiques à 9 heures. Le cours de ce ruisseau est bordé de pistes cyclables. Cet article détaille le cours des évènements de la semaine passée. Il suit de près le cours de la bourse.

COURT EST un adjectif qui est le contraire de long. Il désigne une chose qui a peu de hauteur, de longueur ou de durée.

Exemples : Cette échelle est trop courte. Elle a les cheveux courts. Ce film est beaucoup trop court !

UN COURT EST un terrain de tennis.

Exemple : Les finales hommes et dames du tournoi de Roland-Garros ont traditionnellement lieu sur le court Philippe-Chatrier.

COURS, **court**, **courent**, **coure** et **coures** sont des formes conjuguées du verbe courir.

Exemples : je cours, tu cours, il / elle / on court, ils / elles courent, que je coure, que tu coures, qu'ils / elles courent, cours !

LA CHASSE à **courre** est une façon de chasser avec des chiens qui courent pour forcer le gibier à aller dans une direction précise.

Note : Courre (drôle d'infinitif !) est un verbe, synonyme de courir, qui n'est plus utilisé, mis à part dans le contexte de la chasse.

cour = espace découvert fermé, entourage d'un souverain, tribunal, etc.
cours = enseignement, mouvement d'une masse liquide, taux ou prix sur un marché
Les enfants jouent dans la cour.
le cours de la bourse, un cours d'eau
cour, cours, court ou courent
retrouvez d'autres fiches sur www.gramemo.org
L'après-midi était bien trop court.
cours, court, courent, coure, coures = formes conjuguées du verbe courir
court = contraire de long
gramemo

CLAIR OU CLERC

Clair ou clerc ? Dans un instant, les choses seront pour vous beaucoup plus… claires.

CLAIR EST un adjectif qui est le plus souvent le contraire de foncé ou sombre. Il désigne une chose qui a de l'éclat, qui diffuse ou reçoit beaucoup de lumière, un son aigu ou encore une chose évidente et qui se comprend facilement.

Exemples : C'est la pleine lune, la nuit est claire. Cet appartement est très clair. Elle chante d'une voix claire. Ses projets sont clairs : il veut partir au plus vite.

DE NOMBREUSES EXPRESSIONS utilisent le mot clair. En voici les principales :

– c'est clair / c'est clair comme de l'eau de roche (familier) : c'est évident

– ne pas avoir les idées claires : être confus, incapable de comprendre

– le plus clair de son temps : la plus grande partie de son temps

– de l'eau claire : de l'eau sans savon ou autre détergent

– ciel clair / temps clair : sans nuage ni brouillard, permettant une bonne visibilité

UN CLERC (NOM masculin) est une personne engagée dans l'état ecclésiastique, ou dans une étude d'officier public ou ministériel.

Exemple : Nous avons été reçus par le clerc du notaire.

Note : Le -c final ne se prononce pas.

DIAGNOSTIC OU DIAGNOSTIQUE

Un **diagnostic** (nom masculin) est l'analyse de signes extérieurs dans le but d'identifier un problème, une panne, une difficulté ou une maladie. Il désigne également le temps consacré à ces différentes analyses, ou encore l'ensemble des procédures et vérifications mises en oeuvre dans le but d'identifier le problème.

Exemples : Le médecin a annoncé un diagnostic rassurant à son patient. Le mécanicien commence par une phase de diagnostic du problème avant de s'attaquer aux réparations éventuelles. Un électricien va procéder à un diagnostic complet de votre installation.

Pluriel : des diagnostics

Diagnostique, **diagnostiques** et **diagnostiquent** sont des formes conjuguées du verbes diagnostiquer.

Exemples : je diagnostique, tu diagnostiques, il / elle / on diagnostique, ils / elles diagnostiquent, etc.

NOTE : Dans le même ordre d'idées, attention à ne pas confondre le nom **pronostic** et les formes conjuguées du verbe pronostiquer (**pronostique**, pronostiques, pronostiquent).

Exemple : Quel est ton pronostic pour le match de ce soir ? Les économistes pronostiquent une reprise dans les prochains mois.

NOTE #2 : Diagnostique et pronostique peuvent également être des adjectifs, mais ils sont utilisés principalement dans le domaine de la médecine.

CHANT OU CHAMP

*N*ous allons nous pencher maintenant sur les homophones chant et champ.

LE **CHANT** PEUT FAIRE référence à un ensemble de sons modulés produits par la voix humaine, aux sons émis par les oiseaux, au bruit émis par le frottement des ailes de certains insectes, ou encore à l'art de chanter. Le chant désigne aussi le côté le plus étroit d'un matériau taillé en forme de parallélépipède rectangle (brique, porte, planche, etc.).

Exemples : Elle prend des cours de chant plusieurs fois par semaine. Il aime écouter le chant des oiseaux. Le chant des cigales me manque dès que je quitte le Sud. Le chant d'une porte est son côté le plus étroit, par opposition au plat, qui désigne l'un ou l'autre des côtés que l'on peut voir lorsque la porte est fermée.

CHAMP EST un nom masculin aux très nombreux sens, dont les plus courants sont : une étendue de terre destinée à être cultivée, un espace réservé à une activité particulière, un domaine d'activité, ou encore, dans les domaines du cinéma et de la photographie, la partie de la scène délimitée par le cadre.

Exemples : L'agriculteur va bientôt labourer ses champs. Il s'entraîne sur le champ de tir. J'espère pouvoir élargir rapidement mon champ de compétences. Une voix se fait entendre hors champ.

De nombreuses expressions utilisent également le mot **champ**, comme par exemple :

– à tout bout de champ : à chaque instant, à tout propos, de manière exagérée voire inappropriée

– champ de bataille : terrain où se déroule une bataille, lieu en désordre

– avoir le champ libre : avoir une liberté totale pour agir ou parler

– hors champ : se dit de la voix d'une personne qui n'apparaît pas à l'écran (cinéma, télévision)

– champ opératoire : en chirurgie, portion de l'organisme sur laquelle porte une opération chirurgicale, nom donné aux linges stériles délimitant cette zone

– sur-le-champ (adverbe) : tout de suite, immédiatement

gramemo
chant = sons modulés par la voix humaine, art de chanter, bruits émis par les oiseaux ou par le frottement des ailes de certains insectes
chant
ou
champ
Le chant des cigales me fait toujours penser aux vacances d'été.
> à tout bout de champ
> sur-le-champ
> hors champ
> avoir le champ libre
> champ opératoire
> ...
Ils sont allés au champ de courses. Tu dois élargir ton champ de compétences.
champ = étendue de terre cultivable, domaine d'activité, partie de la scène figurant dans le cadre (photo, cinéma), etc.
retrouvez d'autres fiches sur www.gramemo.org

CHER, CHÈRE, CHAIR OU CHAIRE

Chers lecteurs, nous allons ici nous pencher sur les homophones cher, chère, chair et chaire.

Cher est un adjectif qui désigne quelque chose de coûteux, ou une personne/entreprise qui vend des choses coûteuses. Il peut aussi désigner une chose ou personne à laquelle on tient beaucoup. Enfin, il est employé dans certaines formules de politesse dans la correspondance.

Exemples : Ces articles de maroquinerie sont très chers. Ce restaurant est beaucoup trop cher. Mon cher frère rentre enfin de son voyage en fin de semaine. Il s'est consacré à une passion qui a toujours été chère à son cœur. Cher Monsieur, je vous prie de bien vouloir trouver ci-joint mon curriculum vitae.

Féminin : chère

Cher est un adverbe (donc invariable) qui signifie « à un prix élevé » ou « au prix de grands sacrifices ou désagréments ».

Exemple : Partir en vacances en famille peut coûter très cher. Il a payé cher sa trahison.

La **CHAIR** EST le tissu (notamment musculaire) recouvert par la peau chez les humains. Elle désigne également la partie charnue et comestible de certains végétaux, la partie musculaire de certains animaux considérée comme aliment ou encore les appétits physiques (par opposition à l'esprit).

Exemples : L'écharde est plantée dans sa chair. Cette pêche a une chair jaune et juteuse. La viande à chair blanche provient de la volaille ou du veau. Il ne pense qu'aux plaisirs de la chair.

QUELQUES EXPRESSIONS :
- être bien en chair : être replet, grassouillet
- la chair de ma chair : mon enfant
- avoir / donner la chair de poule : avoir / donner froid ou peur
- en chair et en os : en personne
- faire de quelqu'un de la chair à pâté / à saucisse (familier) : anéantir quelqu'un
- chair à saucisse : mélange haché et assaisonné qui sert à la fabrication des saucisses
- péché de la chair (religion) : péché de luxure

Une **CHAIRE** (NOM féminin) peut désigner une tribune ou un siège élevé d'où parle un professeur, un poste de professeur dans l'enseignement supérieur, une tribune dans un temple ou une église ou encore une prédication religieuse.

Exemple : Elle a obtenu sa chaire professorale il y a dix ans déjà. Le prêtre s'adresse aux fidèles depuis sa chaire.

Chère est un nom féminin littéraire qui désigne la bonne nourriture.

Exemple : Le premier jour de son périple, il se préoccupa bien plus de faire bonne chère que de visiter les environs.

PENSER, PANSER OU PENSÉE

Cet article vous aidera à bien différencier les homophones panser, penser et pensée. Commençons, qu'en pensez-vous ?

PANSER EST un verbe qui signifie soigner une plaie en appliquant un pansement. Dans certains cas, il désigne l'action de faire la toilette d'un animal domestique, en particulier un cheval.

Exemple : Après une telle chute, il est important de désinfecter la blessure et de panser la plaie.

PENSER EST un verbe aux nombreux sens, que vous connaissez probablement pour la plupart, en particulier : songer à quelqu'un ou quelque chose, prêter attention à quelque chose ou quelqu'un, avoir l'intention de faire quelque chose, avoir une opinion sur un sujet, être convaincu de quelque chose, planifier quelque chose dans les moindres détails, se parler intérieurement, etc.

Exemples : Je pense beaucoup à lui dernièrement. Pense à apporter ton équipement pour le prochain entraînement. Je pense créer mon entreprise dans un avenir proche. Les critiques pensent que ce film est un chef d'œuvre. Elle pense pouvoir terminer la lecture de ce livre dans les prochains jours. Ces meubles pratiques et compacts sont vraiment bien pensés. « Voilà le moment de vérité », pensa-t-il.

LA **PENSÉE** EST un nom féminin qui peut désigner le fait de penser (quelle surprise, je sais), le fruit de ce processus complexe de réflexion, l'opinion de quelqu'un, la façon de penser propre à un groupe ou une personne, une idée qui traverse l'esprit d'une personne (souvent liée au côté affectif), ou encore une réflexion brève, souvent extraite d'un texte. Dans un autre registre, la pensée est aussi une fleur qui pousse en automne et en hiver.

Exemples : Il m'expliqua enfin le fruit de sa pensée. Elle développa rapidement et malgré son jeune âge une pensée riche et complexe. Si tu insistes, je vais te dire le fond de ma pensée. Cette année nous étudierons la pensée philosophique de Jean-Jacques Rousseau. Elle se sentait assaillie par des pensées négatives. « Pensée du jour : ne jamais remettre au lendemain ce qui peut être fait le surlendemain ». Les pensées font partie des fleurs comestibles.

penser = songer à, se parler intérieurement, planifier en détail, avoir une opinion, etc.
panser = soigner une plaie en appliquant un pansement
Voyager ? J'y pense souvent.
penser, panser ou pensée
Cette pensée me fit sourire. Elle est plongée dans ses pensées.
pensée = fait de penser, fruit de la réflexion, opinion, citation brève, sorte de fleur, etc.
retrouvez d'autres fiches sur www.gramemo.org
gramemo

DE SUITE OU TOUT DE SUITE

« *D*e suite » est parfois utilisé dans le sens de « tout de suite », mais il faut savoir que ces deux locutions ne peuvent être utilisées indifféremment. Nous allons vous aider à y voir plus clair… tout de suite.

TOUT DE SUITE SIGNIFIE IMMÉDIATEMENT.

Exemples : Revenez tout de suite ! Il a tout de suite compris que quelque chose venait de se passer.

DE SUITE SIGNIFIE d'affilée et sans interruption.

Exemples : Il est venu trois jours de suite. Elle avait si soif qu'elle a bu deux verres de suite. J'ai trébuché deux fois de suite.

DE SUITE EST PARFOIS UTILISÉ dans le sens de tout de suite mais cela est considéré comme très familier et est à éviter.

gramemo
NE CONFONDEZ PLUS...
« De suite » est parfois utilisé dans le sens de « tout de suite », mais cela est considéré comme familier et doit être évité.
Tout de suite signifie immédiatement.
Je reviens tout de suite !
Nous nous sommes rencontrés deux jours de suite.
De suite signifie d'affilée et sans interruption.
retrouvez d'autres fiches sur www.gramemo.org

ENSEMBLE OU ENSEMBLES

*E*nsemble ou ensembles ? Ce court article vous aidera à supprimer toute trace de doute et à bien différencier le nom (variable) de l'adverbe (invariable).

ENSEMBLE EST un adverbe qui signifie l'un avec l'autre, conjointement. Comme tous les adverbes, il est invariable, même si le sens du mot implique une notion de pluriel (après tout pour être ensemble, il faut être plusieurs).

Exemples : Nous sommes allés tous ensemble au marché. Ils sont partis manger ensemble.

ENSEMBLE EST un nom masculin (pluriel : des ensembles) qui désigne un groupe d'éléments considérés dans leur totalité.

Exemples : Elle porte son nouvel ensemble gris et blanc. L'ensemble de ses amis avait fait le déplacement pour assister à son mariage. Ils ont dessiné des ensembles de points qui, vus de loin, formaient une image.

  – dans l'ensemble : d'une manière générale, en gros

  – vue d'ensemble : vue globale, collective

  – avec un ensemble parfait : se dit quand plusieurs personnes font la même action au même moment, par coïncidence ou d'un commun accord

A NOTE : En cas de doute, essayez de remplacer **ensemble** par **l'un avec l'autre**. Si cela a du sens, vous vous trouvez alors face à l'adverbe (invariable).

  Exemple : Ils se déplacent toujours ensemble. Ils se déplacent toujours l'un avec l'autre.

AVOIR À FAIRE OU AVOIR AFFAIRE

*A*voir à faire ou avoir affaire ? Dans quelques instants, plus aucun doute ne subsistera dans votre esprit ! Lisez plutôt ce qui suit…

Avoir à faire signifie avoir quelque chose à faire, à réaliser, avoir du travail, avoir du pain sur la planche.

Exemples : Il est parti tôt car il avait encore fort à faire avant le déménagement. Ne me dites pas ce que j'ai à faire !

Avoir affaire (à quelqu'un / à quelque chose) signifie être confronté à, se retrouver face à, être en rapport avec quelqu'un ou quelque chose.

Exemples : « Nous avons affaire à un cas très rare d'infection tropicale », déclara le médecin. S'il ne se calme pas, il aura affaire à moi. Tu as probablement eu affaire à un arnaqueur.

NOTE : Avoir affaire avec quelqu'un signifie être en rapport avec quelqu'un pour traiter un problème ou une question particulière.

avoir à faire = avoir quelque chose à réaliser, avoir du travail, avoir du pain sur la planche
J'ai encore beaucoup à faire avant de pouvoir rentrer chez moi.
avoir à faire
ou
avoir affaire
gramemo
Il a eu affaire à plus fort que lui. Nous avons affaire à une situation inédite.
avoir affaire à = être confronté à, se retrouver face à, être en rapport avec quelqu'un ou quelque chose
retrouvez d'autres fiches sur www.gramemo.org

DÉCADE OU DÉCENNIE

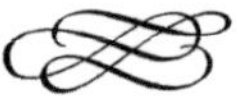

Comment appelle-t-on une période de dix ans ? Une décade ou une décennie ? Lisez la suite pour tout savoir en quelques instants !

UNE **DÉCADE** EST une période de dix JOURS.

Exemple : La rentrée des classes a traditionnellement lieu au cours de la première décade, voire la première semaine, de septembre.

ATTENTION : Ne confondez pas décade avec le mot anglais « decade » qui signifie… décennie.

UNE **DÉCENNIE** EST une période de dix ANS.

Exemples : Ils ont déménagé en bord de mer après trois décennies passées en ville. Tu es né pendant la dernière décennie du 20ème siècle.

gramemo
NE CONFONDEZ PLUS...
« Décade » est parfois utilisé — à tort —
dans le sens de « décennie », probablement
en raison du mot anglais decade qui signifie...
décennie.
Une décade
est une période de dix jours.
Les dernières décennies ont été riches en innovations technologiques.
Le virement sera effectué dans la prochaine décade.
Une décennie
est une période de dix ans.
retrouvez d'autres fiches sur www.gramemo.org

ERUPTION OU IRRUPTION

« Il fit éruption dans la pièce »... ou irruption peut-être ? Si vous avez un doute, cet article vous aidera à ne plus confondre les paronymes éruption et irruption.

UNE ÉRUPTION FAIT le plus souvent référence à l'émission de lave, de gaz ou autres projections d'origine volcanique, mais elle peut aussi désigner la manifestation soudaine et violente d'un sentiment ou encore une réaction cutanée dans le cas de certaines maladies comme la rougeole ou la varicelle. On parle aussi d'éruptions solaires pour désigner de brusques décharges d'énergie à la surface du soleil.

Exemples : La dernière éruption de ce volcan a forcé les populations voisines à évacuer en urgence. Personne n'aurait pu prévoir une telle éruption de colère. Une éruption cutanée soudaine est souvent le seul signe annonciateur de la varicelle. Les éruptions solaires peuvent causer des dysfonctionnements des appareils électriques terrestres.

On parle d'**irruption** pour désigner l'entrée soudaine, voire fracassante d'une ou plusieurs personnes dans une pièce, ou d'une manière plus abstraite pour parler de l'arrivée inattendue et rapide (ou violente) de quelque chose.

Exemples : L'irruption du professeur dans la salle de classe a calmé instantanément les élèves. L'irruption des téléphones portables dans nos vies quotidiennes a causé de grands bouleversements dans nos habitudes.

Note : On parle aussi de « faire irruption ».

Exemple : Des hommes masqués ont fait irruption dans la banque juste avant la fermeture.

SECONDE PARTIE — 14 FICHES AVANCÉES

Vous trouverez dans les pages qui suivent quatorze fiches légèrement plus complexes que celles présentées dans la partie précédente. Ne vous laissez toutefois pas intimider !

TOUT SAVOIR SUR QUELQUE ET QUEL QUE

*N*ous vous proposons aujourd'hui d'apprendre à employer correctement **quelque** (en un mot) et **quel que** (en deux mots).

QUELQUE, employé devant un nombre, est un adverbe qui signifie « environ ». Il est invariable (comme tous les adverbes).

Exemples : Il a quitté l'entreprise après quelque trente ans de bons et loyaux services. Cet immeuble faisait quelque dix mètres de hauteur.

QUELQUES, employé devant un nom au pluriel, est un adjectif indéfini qui signifie « plusieurs ».

Exemples : J'ai cueilli quelques cerises. Il a invité quelques amis pour la soirée.

QUELQUE, employé devant un nom au singulier, est un adjectif indéfini qui signifie « un peu de », « un certain ».

Exemples : Je l'ai lu il y a quelque temps. Il lui est probablement arrivé quelque problème en route.

QUELQUE ... (nom)... **que**, suivi du subjonctif, est un adjectif indéfini qui s'accorde en nombre avec le nom.

Exemples : De quelque manière que ce soit, il trouvera toujours une raison de se plaindre. Quelques conseils que tu lui donneras, elle n'en fera qu'à sa tête.

QUELQUE ... (adjectif)... **que**, suivi du subjonctif, est un adverbe (donc invariable) qui s'emploie surtout en langage littéraire et signifie « quoique », « peu importe à quel point ».

Exemple : Quelque gentils soient-ils, ils n'en seront pas moins mal accueillis.

A NOTER : quelque ne s'élide avec apostrophe que dans quelqu'un.

QUELQUE PART et **quelque temps** sont invariables. **Et quelques** est toujours employé au pluriel.

Exemples : Il l'a caché quelque part. Je suis arrivée depuis quelque temps déjà. Il a trente ans et quelques.

QUEL QUE (EN deux mots) est une locution suivie en général des verbes être, pouvoir être, devoir être au subjonctif. Quel s'accorde en genre et en nombre avec le nom qui est sujet du verbe (quel, quelle, quels, quelles).

Exemples : Quelles que soient vos idées, partagez-les avec nous (**quelles** se rapporte à idées, féminin pluriel).

Quels que puissent être les horaires de départ, ils nous conviendront (**quels** se rapporte à horaires, masculin pluriel).

BIEN EMPLOYER L'INVERSION DU VERBE ET DU SUJET

Savez-vous quand l'inversion du sujet et du verbe est nécessaire ? Nous allons passer en revue les différents cas de figure.

On parle d'inversion du sujet quand le sujet est placé après le verbe, alors que l'ordre « normal » est sujet puis verbe. On rencontre cette inversion du sujet dans les cas suivants :

- Dans certaines formes **de phrases interrogatives :**

Exemples : Où es-tu ? Comment va-t-elle ? Est-ce loin ?

- Après certains adverbes **ou locutions adverbiales :**

Exemples : ne serait-ce que pour…, encore faudrait-il que…, toujours est-il que…, à peine était-il arrivé que…, etc.

- Dans les incises :

Exemple : Tout va bien ?, demanda-t-il.
– Oui, merci, répondit Marie.

- Dans certaines subordonnées relatives :

Exemples : L'accident dont parlait ton frère s'est passé il y a plus de vingt ans. La question que t'a posé le juge était une question-piège.

- Dans certaines tournures poétiques :

Exemples : Tombe la neige et glissent les passants. Souffle la bise. Et passent les trains.

IMPORTANT :

Quand il y a inversion du sujet et que celui-ci est un pronom, verbe et sujet sont reliés par un trait d'union.

Exemples : Quand arriverez-vous ? Pourquoi dis-tu cela ?

Si le verbe se termine par -a ou par -e, on ajoute un -t entre deux traits d'union pour permettre la liaison.

Exemples : A-t-on vraiment besoin d'avoir son accord ? Pense-t-il toujours à elle ? Que lui arriva-t-il ce soir-là ?

Que le verbe se termine par -d ou par -t, on prononce toujours le son -t pour faire la liaison.

Exemple : Prend-il toujours du café au petit-déjeuner ? Peut-il se passer de nous pour cette réunion ?

QUAND FAUT-IL FAIRE LES LIAISONS ?

Faire la liaison consiste à prononcer la dernière consonne d'un mot lorsqu'il précède un autre mot qui commence par une voyelle (a, e, i, o, u, y) ou un h muet. Nous allons passer en revue les cas où la liaison est obligatoire, ceux où elle est facultative, et enfin ceux où elle ne se fait pas.

Avant de commencer, veuillez noter que dans le cas d'une liaison, le d se prononce [t] et le f peut se prononcer [v].

La liaison est obligatoire :

- entre un article et un nom qui commence par une voyelle ou un h muet

Exemples : ces [z] arbres, des [z] innocents, d'infâmes [z] idiots, des [z] amis, un [n] hurluberlu

- entre un pronom et un verbe (ou auxiliaire)

Exemples : nous [z] avons compris, ils [z] ont un chien, vous [z] êtes les bienvenus

- après un adverbe si le mot qui suit commence par une voyelle ou un h muet

Exemples : C'est trop [p] important. J'ai bien [n] envie d'y aller quand même.

- après certaines prépositions si le mot qui suit commence par une voyelle ou un h muet

Exemples : chez [z] elle, sans [z] aucune conviction

- dans certaines expressions

Exemple : de temps [z] en temps

- après c'est, dont et quand

Exemples : C'est [t] à toi de jouer. L'ami dont [t] on parle va nous rejoindre. Quand [t] on lui fait confiance, on le regrette généralement.

La liaison est facultative :

- entre un verbe et un complément

Exemple : Il veut [t] une amie. OU Il veut une amie.

- après certaines prépositions

Exemple : dans [z] une heure OU dans une heure

- après un nom

Exemple : des hommes [z] intelligents OU des hommes intelligents

LA LIAISON ne se fait jamais :

- DEVANT UN H aspiré

Exemple : un haricot, des haricots (et non pas : un [n] haricot, des [z] haricots)

- après « et »

Exemple : un homme et une femme

- après un nom au singulier terminé par une consonne muette

Exemples : un port éclairé, un bras abîmé, un enfant insupportable

- devant onze ou un (numéral)

Exemples : Il boit un ou deux verres de lait par jour. Ils sont onze dans l'équipe.

- devant certains mots d'origine étrangère commençant par une voyelle

Exemples : un ouistiti, un yaourt

- après un -s de pluriel dans un nom composé

Exemple : des arcs-en-ciel

NOTE : Les lettres entre [crochets] ne sont que des indications de prononciation.

Ce court article va vous aider à bien utiliser (et accorder) tel (mais aussi telle, telles et tels).

Lorsqu'il est suivi d'un nom sans article, tel s'accorde avec ce nom.

Exemples : Il lui a conseillé de s'adresser à telle personne. Il fait toujours preuve d'une telle détermination ! Tel ou tel jour, à telle heure. De telle sorte que.

Lorsqu'il est suivi **d'un nom avec article dans une comparaison**, tel s'accorde également avec ce nom. On peut le remplacer par « comme ».

Exemples : Il s'en est allé tel un prince. Il s'est mis à rire tel un fou. Telle une maîtresse d'école, elle tâchait de leur apprendre à lire.

Lorsqu'il est employé **seul en tête de phrase**, tel est un pronom indéfini masculin singulier qui renvoie à ce qui a été dit précédemment.

Exemples : Tel est le prix à payer pour cette énorme erreur. Tel est pris qui croyait prendre.

Tel que s'accorde avec le nom qui précède ; il indique une similitude ou introduit un exemple.

Exemples : Des amies telles que nous. Des inventions telles que l'écriture ou l'imprimerie. Des hommes tels que toi.

Tel quel, **comme tel**, **en tant que tel** s'accordent normalement avec le nom.

Exemples : Ils ont laissé les locaux tels quels (= dans l'état dans lequel les locaux se trouvaient). Elle est maintenant une adulte et veut être considérée comme telle (= comme une adulte). En tant que telle (= comme elle a été racontée), cette histoire est difficile à croire.

Un tel et **une telle** (ou **untel** et **unetelle**) servent à désigner une personne de manière vague, sans préciser qui elle est. On peut y mettre une majuscule pour remplacer un nom propre.

Exemples : Que tu ailles au cinéma avec untel ou unetelle ne me regarde pas. Comment s'appelle déjà monsieur Untel, qui présente la météo les matins à la télévision ?

BIEN ACCORDER LE VERBE AVEC SON SUJET

Cet article va passer en revue les quelques règles qui vous permettront de bien réaliser l'une des actions fondamentales de la grammaire, l'accord du verbe avec son sujet.

En règle générale, le verbe s'accorde en personne (1ère, 2e ou 3e personne) et en nombre (singulier ou pluriel) avec son sujet.

Exemples : J'apprends, tu apprends, il/elle/on apprend, nous apprenons, vous apprenez, ils/elles apprennent

Pour identifier le sujet, on peut se poser les questions « qu'est-ce qui ? » ou « qui est-ce qui ? ». Il peut se trouver juste avant le verbe, mais aussi après le verbe ou très loin du verbe.

Exemples : Marie viendra nous voir demain. C'est demain que viendra Marie. Marie, qui avait téléphoné pour prévenir de sa visite le mois dernier avant de finalement devoir annuler, viendra demain.

Lᴏʀsǫᴜᴇ ʟᴇ ᴠᴇʀʙᴇ **est conjugué à un temps composé** (passé composé, plus-que-parfait, etc.), c'est l'auxiliaire (être ou avoir) qui s'accorde avec le sujet.

Exemples : Je suis allé, tu étais venu, nous aurions aimé

CAS PARTICULIERS :

– Dᴀɴs ʟᴇs ᴛᴏᴜʀɴᴜʀᴇs ɪᴍᴘᴇʀsᴏɴɴᴇʟʟᴇs, le sujet est toujours le pronom « il » (troisième personne du singulier).

Exemples : Il se passe des choses étranges. Il pleut à grosses gouttes.

– Lᴏʀsǫᴜᴇ ʟᴇ ᴠᴇʀʙᴇ **a plusieurs sujets au singulier** (qui représentent des choses ou des personnes différentes), il se met au pluriel.

Exemple : Mon frère, ma mère et mon père viendront pour les fêtes de fin d'année.

– Lᴏʀsǫᴜᴇ ʟᴇ sᴜᴊᴇᴛ **est qui** (pronom relatif), le verbe s'accorde avec l'antécédent.

Exemple : Ce sont eux qui viendront vous aider.

– Lorsqu'un des sujets **est un pronom personnel**, le verbe s'accorde aux première, deuxième ou troisième personnes du pluriel si on peut remplacer les sujets respectivement par nous, vous ou ils/elles/eux.

Exemples : Mon frère et moi (= nous) irons au cinéma cet après-midi. Ta soeur et toi (= vous) avez déjà vu ce film. Mes amis et lui (= ils) nous rejoindront plus tard.

– Si le groupe **sujet comporte un nom collectif précédé de « un » ou « une »** (foule, bande, groupe, troupe, nuée, etc.), le verbe peut s'accorder avec le collectif (au singulier) ou avec le complément (au pluriel).

Exemples : Une foule de spectateurs a assisté au spectacle. Une foule de spectateurs ont assisté au spectacle.

– Si le groupe **sujet comporte un quantitatif** (beaucoup de, peu de, la plupart de, bon nombre de, la moitié de, etc.), le verbe s'accorde avec le complément.

Exemples : Beaucoup d'enfants sont venus. Peu de temps était nécessaire. Peu de gens se sont exprimés.

– Si le groupe **sujet comporte un numéral** (autre que un ou zéro), le verbe est le plus souvent au pluriel, sauf si l'on veut mettre l'accent sur l'idée globale représentée par le groupe sujet.

Exemples : Trois jours devraient suffire pour lire ce livre. Vingt kilomètres est beaucoup trop long, je ne peux pas courir une telle distance.

Cet article est très court et passera en revue les quelques règles à suivre lorsque vous écrivez des noms de pays.

JE NE VOUS apprends rien si je vous dis que les noms de pays s'écrivent avec une majuscule, mais pas les articles qui les précèdent (sauf bien sûr si l'article est le premier mot d'une phrase).

Exemples : la France, le Maroc, le Canada, la Russie, l'Égypte, le Japon, la Nouvelle-Zélande, etc.

Lorsque le nom de pays est composé de plusieurs termes séparés par des espaces, on ne met de majuscules qu'aux noms et pas aux adjectifs.

Exemples : la Confédération helvétique, la République dominicaine, les Émirats arabes unis, etc.

Lorsque le nom de pays est composé de plusieurs termes séparés par des espaces et que l'un des termes est un nom propre, on ne met de majuscule qu'au nom propre.

Exemples : l'île de Malte, la principauté d'Andorre, l'île de la Réunion, la principauté de Monaco, etc.

Exception : L'usage veut que l'on utilise des majuscules pour désigner le Grand-Duché de Luxembourg.

On emploie *en* devant un nom de pays féminin ou commençant par une voyelle et *au* devant un nom de pays masculin ou commençant par une consonne.

Exemples : la France/en France, la Chine/en Chine, le Portugal/au Portugal, le Chili/au Chili, l'Espagne/en Espagne, l'Éthiopie/en Éthiopie, etc.

À noter : Les noms de pays qui s'emploient avec l' ou sans article sont masculins, sauf s'ils se terminent par la lettre -e.

Exemples : l'Irlande, l'Islande, l'Italie, l'Espagne, etc. (féminins)
l'Iran, l'Irak, l'Afghanistan, Israël, etc. (masculins)

Je vous propose maintenant un article qui vous aidera à maîtriser le pluriel des noms, qu'ils soient communs, propres, composés ou étrangers.

LE PLURIEL **des noms communs**

On ajoute généralement la terminaison -s à un nom commun au singulier pour former son pluriel.

Exemple : un chien/des chiens, une maison/des maisons, un arbre/des arbres

Il existe cependant des règles particulières selon la terminaison des mots.

- **Les noms en -s, -x ou -z** ne changent pas au pluriel.

Exemples : un recours/des recours, un flux/des flux, un nez/des nez

- **Les noms en -eau** font leur pluriel en -eaux.

Exemples : une eau/des eaux, un poteau/des poteaux, un bateau/des bateaux

- **Les noms en -ou** se terminent généralement par -ous au pluriel (exemples : un trou/des trous, un clou/des clous), SAUF bijou, caillou, chou, genou, hibou, joujou et pou, qui font leur pluriel en -oux (ses bijoux, tes cailloux, des choux, mes genoux, ces hiboux, les joujoux, des poux).

- **Les noms en -eu** font le plus souvent leur pluriel en -eux (exemples : un feu/des feux, un lieu/des lieux), sauf quelques rares mots qui prennent la terminaison -eus (exemples : un bleu/des bleus, un pneu/des pneus, etc.).

- **Les noms en -al** se terminent le plus souvent par -aux au pluriel (exemples : le cheval/les chevaux, un minéral/des minéraux, un journal/des journaux), à l'exception de certains mots qui prennent simplement un -s (exemples : un bal/des bals, un chacal/des chacals, ce festival/ces festivals, un carnaval/des carnavals, etc.)

- **Les noms en -ail** prennent le plus souvent un -s au pluriel (exemples : un détail/des détails, un épouvantail/des épouvantails, un rail/des rails, etc.), sauf certains mots qui se terminent par -aux (exemples : un corail/des coraux, un travail/des travaux, un vitrail/des vitraux, etc.).

Le pluriel **des noms propres**

Les noms de personnes ne prennent pas la marque du pluriel.

Exemple : Nous avons invité les Gautier pour le week-end.

Exceptions : Un nom propre peut prendre la marque du pluriel lorsqu'il s'agit d'une famille très célèbre (les Tudors, les Bourbons, etc.) ou lorsque l'on utilise des personnages célèbres comme modèles (exemple : Qui sait, quelques futurs Einsteins pourraient se trouver parmi ces élèves.)

Les noms de pays, de régions et de départements prennent la marque du pluriel seulement si l'on parle de deux endroits ayant le même nom.

Exemple : la Corée du Nord et la Corée du Sud = les deux Corées

Les noms d'habitants (pays ou villes) prennent la marque du pluriel.

Exemples : les Norvégiens, les Japonais, les Madrilènes, les Berlinois, les Chypriotes

Les noms de marques, de magazines ou de journaux ne prennent pas la marque du pluriel.

Exemples : Nous avons commandé deux Perrier et trois Orangina au serveur. Il n'a toujours possédé que des Renault. Elle a acheté deux Télérama.

Les noms d'œuvres artistiques peuvent prendre la marque du pluriel (surtout en peinture, sculpture, gravure), mais on laisse le plus souvent le nom invariable.

Exemples : Ce musée possède deux Renoirs et trois Picassos. J'ai lu les Molière et les Shakespeare les plus connus.

Le pluriel **des noms composés**

Les noms composés comportent deux mots ou plus, qui sont (ou non) reliés par des traits d'union. Il faut analyser les différents éléments qui les composent pour savoir comment les mettre au pluriel.

Aucun mot ne prend la marque du pluriel :

– si le mot composé est une phrase ou une expression (exemple : des sauve-qui-peut)

– si le nom est composé de deux verbes (exemples : des laisser-passer, des savoir-faire)

– si le nom composé est formé par un verbe et un adverbe (exemple : des passe-partout)

– si le nom est composé d'un verbe et d'un complément précédé d'une préposition (exemple : des touche-à-tout)

– si le nom est composé d'un verbe et d'un nom non-comptable (exemples : des chasse-neige, des rabat-joie)

Seul le deuxième mot prend la marque du pluriel :

– si le nom composé est formé par un verbe et un nom (exemples : des tire-bouchons, des saute-moutons, des compte-gouttes, des pare-chocs)

– si le premier mot est tronqué et le second est un nom (exemples : des Afro-Américains, des Franco-Allemands, des auto-stoppeurs)

– si le premier mot est invariable (adverbe, préposition, etc.) et le second est un nom (exemples : des bas-côtés, des haut-parleurs, des sans-abris, des à-côtés, des contre-emplois)

Les deux éléments prennent la marque du pluriel :

– si les deux éléments sont des noms (exemples : des aides-soignantes, des gardes-malades, des choux-fleurs)

– si les deux éléments sont des adjectifs (exemple : des sourds-muets)

Exception : les nouveau-nés (ici nouveau a une valeur d'adverbe)

– si le premier élément est un nom et le second un adjectif (exemple : des coffres-forts)

Exception : des terre-pleins

– si le premier élément est un adjectif et le second est un nom (exemple : des courts-métrages, des belles-mères)

Exception : des demi-journées, des demi-frères, des demi-finales (vous pouvez lire notre article consacré à l'utilisation de demi en cliquant ici)

ATTENTION : Le deuxième mot reste invariable s'il est précédé d'une préposition ou si celle-ci est sous-entendue (exemple : des clins d'œil, des pommes de terre, des timbres-poste)

LE PLURIEL **des noms étrangers**

SI LES NOMS français font le plus souvent leur pluriel en -s, les autres langues obéissent souvent à d'autres règles.

Les rectifications orthographiques de 1990 recommandent d'ignorer les marques du pluriel des langues d'origine et de privilégier le -s français pour mettre au pluriel les mots empruntés à d'autres langues.

Exemples : un média/des médias, un minimum/des minimums, un sandwich/des sandwichs, un match/des matchs, un requiem/des requiems, un scénario/des scénarios, un spaghetti/des spaghettis, etc.

QUAND TUTOYER, QUAND VOUVOYER ?

Cet article ne concerne pas la grammaire à proprement parler, mais il sera probablement d'un grand secours pour tous les étudiants étrangers qui apprennent la langue de Molière, puisqu'il vous aidera à déterminer quand il faut vouvoyer votre interlocuteur et quand vous pouvez le tutoyer.

Le vouvoiement et le tutoiement (le fait de dire « vous » ou « tu »

lorsque vous vous adressez à quelqu'un) peuvent être assez déroutants, surtout pour les personnes dont la langue maternelle ne possède pas d'équivalents. Ils peuvent donner lieu à des explications tirées par les cheveux, comme ce schéma hilarant du Los Angeles Times (sérieusement, allez y jeter un œil, c'est très bien fait).

COMME TOUJOURS, nous allons tenter de simplifier les choses en établissant quelques grands principes.

ON UTILISE LE TUTOIEMENT :
– pour parler à un enfant, à une personne plus jeune ou qui a le même âge que soi
– pour parler à une personne que l'on connaît bien (membres de la famille, amis, membres d'un club, etc.)
– pour parler à une personne avec laquelle on a convenu que le tutoiement ne posait pas de problème

ON UTILISE **le vouvoiement** dans tous les autres cas, mais en particulier :
– pour s'adresser à des personnes plus âgées
– pour s'adresser à un supérieur hiérarchique, à un professeur
– pour s'adresser à des personnes que l'on rencontre pour la première fois

LE VOUVOIEMENT EST une marque de respect.
En cas de doute, il est préférable de vouvoyer la personne, qui vous fera probablement rapidement savoir si le tutoiement est possible : « Je pense qu'on peut se tutoyer… »

BIEN ACCORDER AVEC « VOUS »

Cet article va vous aider à bien faire les accords avec « vous ».

LORSQUE LE SUJET ÉQUIVAUT À « VOUS », le verbe s'accorde à la deuxième personne du pluriel.

Exemple : Lui et vous êtes mes amis. (lui + vous = vous)

Lᴏʀsϙᴜᴇ ʟᴇ ᴘʀᴏɴᴏᴍ « ᴠᴏᴜs » **est complément d'objet direct**, l'accord se fait en genre et en nombre.

Exemples : Je vous ai appelées. Il vous a entendus.

Lᴏʀsϙᴜᴇ ʟᴇ ᴘʀᴏɴᴏᴍ « ᴠᴏᴜs » **est complément d'objet indirect**, le participe passé reste invariable.

Exemples : Je vous ai parlé. Il vous a confié un secret.

Aᴠᴇᴄ ʟᴇs ᴇxᴘʀᴇssɪᴏɴs « **beaucoup d'entre vous** », « **certains d'entre vous** », « **la plupart d'entre vous** », le verbe se met maintenant à la troisième personne du pluriel.

Exemple : Beaucoup d'entre vous ont l'air de croire que la ponctualité n'est pas une qualité importante.

Lᴏʀsϙᴜᴇ « ᴠᴏᴜs » **est une marque de politesse (vouvoiement)**, le verbe se conjugue à la deuxième personne du pluriel, mais l'adjectif et le participe s'accordent en genre selon le sexe de la personne vouvoyée.

Exemples : Madame, vous êtes invitée à notre prochain dîner. Monsieur, vous êtes assis à ma place.

Aᴛᴛᴇɴᴛɪᴏɴ : Lᴏʀsϙᴜᴇ « ᴠᴏᴜs » est une marque de politesse, « vous-même » ne prend pas de -s final (mais il en prend un lorsque « vous » représente le pluriel : « vous-mêmes »).

Eɴғɪɴ, attention à bien analyser la fonction de « vous » avant de le faire suivre de la terminaison -ez.

Exemple : Je vous pensais plus sympathique. (et non : Je vous pensez)

TOUT SAVOIR SUR LES COMPLÉMENTS D'OBJET

Cet article vous propose un rapide tour d'horizon des compléments d'objet (direct, indirect, second).

LE COMPLÉMENT d'objet (CO) est la personne, l'animal ou la chose sur lequel porte l'action du verbe.

Les mots **(ou groupes de mots) qui peuvent être compléments d'objet** sont les suivants :

– un nom ou groupe nominal (Exemple : Elle a acheté un livre (COD).)

– un pronom (Exemple : Je lui (COI) avais dit de faire attention.)

– un infinitif (Exemple : Les enfants voudraient manger (COD) maintenant.)

– une proposition subordonnée (Exemple : Je pense qu'il dit vrai (COD).)

Le complément d'objet se place généralement après le verbe. On peut cependant le trouver avant le verbe :

– dans les phrases interrogatives dont la question porte sur le CO (Exemple : Quel film (COD) est passé à la télévision hier soir ?)

– quand il est pronom personnel ou pronom relatif (Exemple : Je lui (COS) ai vendu ma voiture (COD).)

– quand il est mis en relief en tête de phrase (Exemple : Lire (COI), je ne m'en lasse pas.)

Le complément **d'objet direct** ajoute du sens au verbe directement, sans utiliser de préposition. Il répond aux questions : qui ? quoi ?

Exemple : J'aime mes parents (COD).

J'aime qui ? Mes parents.

Le complément **d'objet indirect** complète lui aussi le sens du verbe, mais il se joint à ce dernier par l'intermédiaire d'une préposition. Il répond, selon le sens du verbe, aux questions : à qui ? à quoi ? de qui ? de quoi ? pour qui ? pour quoi ?, etc.

Exemple : Je téléphone à mon frère (COI).
Je téléphone à qui ? A mon frère.

Le complément **d'objet second** est un COI dont le verbe est déjà accompagné d'un autre complément d'objet. Il n'est pas forcément placé en seconde position et peut parfaitement précéder un COD.
Exemple : Je leur (COS) ai dit merci (COD).

BIEN ACCORDER AVEC « SE »

Je vous propose maintenant un court article destiné à vous aider à maîtriser l'accord des participes passés qui suivent *se*.

Note préalable : *Se* s'élide en *s'* devant une voyelle ou un h muet.

Lorsque le pronom personnel *se* est complément d'objet direct (COD), le participe passé s'accorde en genre et en nombre avec le sujet.

Exemples : Elle s'est rendue à la poste. (Qui s'est rendu à la poste ? Elle-même.) Ils se sont couverts de ridicule. (Qui ont-ils couvert de ridicule ? Eux-mêmes.)

Lorsque le pronom personnel *se* est complément d'objet indirect (COI) ou complément d'objet second (COS), le participe passé ne s'accorde pas avec le sujet, mais il s'accorde avec le COD (s'il y en a un et s'il est placé avant le verbe).

Exemples : Elle s'est donné beaucoup de mal pour obtenir ce résultat (= elle s'est donné beaucoup de mal à elle-même, donc s' = COI). Ils se sont offert une pause méritée (= ils se sont offert une pause à eux-mêmes, donc se = COI). Les fleurs qu'elle s'est achetées sont magnifiques (s' = COS mais qu' = les fleurs = COD placé avant le verbe donc le participe passé s'accorde ici au féminin pluriel).

L'ACCORD DE CI-JOINT

*C*et article vous aidera à savoir à quel moment ci-joint (mais aussi ci-inclus et ci-annexé) doit rester invariable et quand il est au contraire nécessaire de l'accorder.

L'ACCORD se fait normalement (en genre et en nombre) lorsque ci-joint, ci-inclus ou ci-annexé sont des locutions adjectives*

utilisées comme épithètes et placées juste après le nom auquel elles se rapportent.

Exemples : Les lettres ci-jointes sont confidentielles. Les déclarations ci-annexées ont été signées après des mois de négociations. Les piles ci-incluses ne sont pas rechargeables.

L'ACCORD se fait normalement lorsque les locutions adjectives ci-joint, ci-inclus ou ci-annexé sont attributs du sujet.

Exemples : Les photos dont nous parlions hier sont ci-annexées. Le règlement de copropriété et la copie du contrat sont ci-joints.

ILS RESTENT invariables lorsqu'ils ont une valeur d'adverbe. Dans ce cas ils sont généralement placés en tête de phrase ou avant un nom sans déterminant.

Exemples : Ci-joint les livres demandés. Vous trouverez ci-inclus copie de mon dernier article.

LES DEUX VERSIONS (avec ou sans accord) sont acceptées lorsque ces locutions sont utilisées dans le corps d'une phrase, avec un nom précédé d'un déterminant. Dans ce cas, elles peuvent avoir valeur d'adjectif ou valeur d'adverbe, et le choix revient à celui qui écrit.

Exemples : Vous trouverez ci-joint / ci-joints les deux films que je vous avais empruntés. Je vous envoie ci-annexé / ci-annexée la photographie de notre classe faite au printemps 1992.

*LOCUTION ADJECTIVE : ensemble non divisible de mots, fonctionnant comme un adjectif.

AVANT QUE, APRÈS QUE

Ce court article vous aidera à bannir de votre expression écrite et orale une faute extrêmement courante : l'emploi du mauvais mode dans les subordonnées introduites par « après que ».

Le saviez-vous ? Contrairement à « avant que », « après que » doit toujours être suivi de l'indicatif et non du subjonctif. Cela peut sembler incroyable, car cette erreur est très courante et notre oreille s'est donc habituée à entendre le subjonctif après cette conjonction de subordination.

Exemples : Rangeons un peu avant qu'il vienne. Nous mangerons après qu'il sera arrivé (et non : après qu'il soit arrivé).

En effet, on considère qu'*après que* fait référence à un fait accompli et donc sûr (puisque l'action de la principale se passe après celle de la subordonnée introduite par « après que »), contrairement à *avant que* qui implique une certaine incertitude.

Attention : Il ne faut pas confondre le passé antérieur avec le plus-que-parfait du subjonctif.

Exemple : Après qu'il eut fait ses bagages, il les salua puis partit.

>> Après qu'il aura fait ses bagages, il les saluera puis partira.

>> Après qu'il a fait ses bagages, il les salue puis part.

Que savez-vous sur « que » ? Ce petit mot très utile peut être une conjonction, un adverbe ou un pronom. Lisez plutôt ce qui suit pour en savoir plus !

La conjonction « que »

QUE PEUT ÊTRE UNE CONJONCTION, employée seule ou avec d'autres mots.

Exemples : avant que, après que, autant que, moins que, plus que, afin que, etc.

On emploie parfois *que* pour éviter de répéter une autre conjonction.

Exemple : Si j'ai encore un peu de temps et que je suis en forme, j'irai faire une promenade avant d'aller me coucher.

Lorsqu'il est utilisé en début de phrase, *que* doit être suivi du subjonctif.

Exemples : Que tu le veuilles ou non, c'est toujours lui qui aura le dernier mot. Qu'il neige ou qu'il vente, elle sort tous les matins pour courir.

L'ADVERBE « QUE »

L'ADVERBE que peut être utilisé dans le sens de « comme » ou « combien » dans des phrases exclamatives.

Exemples : Que c'est grand ! Que c'est haut !

L'adverbe *que* peut être utilisé dans le sens de « pourquoi » dans certaines phrases interrogatives (langage soutenu).

Exemples : Que ne nous a-t-il rien dit de tout cela ?

LE PRONOM RELATIF « QUE »

LE PRONOM relatif que est généralement complément d'objet direct, ou attribut. Il faut alors accorder le participe passé. (Vous pouvez lire ici notre article sur les compléments d'objet.)

Exemples : La personne que j'ai accompagnée aux urgences m'a contacté pour me remercier. L'enfant qu'elle est restée a apprécié cette sortie à la foire.

Quand le pronom relatif que est complément de mesure*, il ne faut pas faire l'accord.

Exemple : Les cent euros que ce repas m'a coûté me paraissent excessifs.

*Un complément de mesure permet de répondre à la question « combien ? », il est accompagné d'un verbe intransitif (sans complément d'objet), sans préposition, et le participe passé reste invariable.

Exemples : les deux heures que le film a duré, les cent vingt kilos qu'il a pesé autrefois, les deux euros que le livre a coûté

LE PRONOM INTERROGATIF « QUE »

QUE PEUT ÊTRE un pronom interrogatif.

Exemples : Que veux-tu lire maintenant que tu as fini ce livre ? Que lui as-tu répondu ?

Qu'est-ce que est soit attribut, soit complément d'objet.

Exemples : Qu'est-ce que c'est ? Qu'est-ce que tu lui as répondu ?

Qu'est-ce qui est sujet.

Exemples : Qu'est-ce qui est arrivé ici ?

Attention : Dans une interrogation indirecte, qu'est-ce que devient ce que, et qu'est-ce qui devient ce qui.

Exemples : Qu'est-ce que tu as ? Il te demande ce que tu as. Qu'est-ce qui est arrivé hier ? Je me demande ce qui est arrivé hier.

A noter

Que devient *qu'* devant une voyelle ou un h muet, sauf si le mot qui suit est une sorte de citation.

Exemples : J'aimerais qu'il comprenne mon point de vue. Je pense que « abréviation » est un mot trop long et qu'il devrait avoir… une abréviation.

MESSAGE POUR LE LECTEUR

Je vous remercie vivement d'avoir acheté et lu ce livre, c'est uniquement grâce à votre soutien que des projets comme Gramemo peuvent voir le jour et prendre de l'ampleur !

Si ce livre vous a été utile et que nos fiches de synthèse vous ont plu, pourriez-vous s'il vous plaît prendre quelques instants pour laisser un commentaire sur le livre sur Amazon ? De cette manière il deviendra plus visible et pourra permettre à d'autres personnes de s'améliorer, mais aussi à de prochains volumes d'être publiés dans cette collection. Les commentaires de clients sont de loin le meilleur moyen de soutenir les projets publiés de manière indépendante, comme le nôtre.

Pour découvrir chaque semaine une nouvelle fiche de grammaire, voici quelques liens où vous pouvez vous connecter avec Gramemo :

- le site et le blog sur www.gramemo.org
- la page Facebook Gramemo
- le fil Twitter @gramemo
- le compte Pinterest Gramemo
- le compte Instagram @gramemoofficiel

Pour recevoir directement dans votre boîte e-mail nos fiches de grammaire ainsi que les dernières nouveautés en avant-première et des bonus exclusifs, vous pouvez souscrire à notre newsletter gratuite sur www.gramemo.org/newsletter.

A très bientôt !
Christelle Molon

DU MÊME AUTEUR

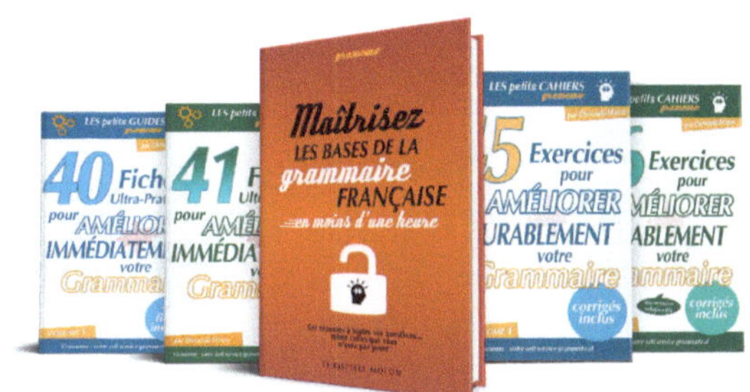

Poursuivez votre lecture

avec les autres manuels de la collection Gramemo,

tous disponibles sur Amazon

REJOIGNEZ LA COMMUNAUTE GRAMEMO

Comme plusieurs milliers de lecteurs
de la newsletter Gramemo, vous recevrez **gratuitement** chaque
mois par e-mail nos derniers articles, du contenu inédit mais aussi
des cadeaux et des informations en avant-première sur les
nouveautés à paraître.

www.gramemo.org/newsletter

EN BONUS

Découvrez maintenant 3 articles extraits du livre
« Maîtrisez les bases de la grammaire française
en moins d'une heure »

LA PRÉPOSITION

PARCOURS RAPIDE

Les prépositions sont des mots invariables qui relient des mots dans une phrase tout en donnant des indications sur la fonction de ces mots.

Exemples : à, de, par, pour, comme, de, avec, etc.

Les prépositions formées de plusieurs mots sont appelées **locutions prépositionnelles**.

Exemples : grâce à, à côté de, au-dessus de, hors de, par rapport à, etc.

PARCOURS DETAILLÉ

- **deux noms** (exemples : le chat <u>de</u> ma mère, la maison <u>à côté</u> de la boulangerie)
- **un verbe et un nom** (exemples : jouer <u>au</u> tennis, participer <u>à</u> une réunion, se comporter <u>comme</u> un fou)
- **un verbe et un pronom** (exemples : parler <u>de</u> quelqu'un, ne s'entendre <u>avec</u> personne)
- **deux verbes** (exemples : argumenter <u>pour</u> convaincre, parler <u>pour</u> ne rien dire).

Les prépositions peuvent indiquer les fonctions suivantes :

- **complément du nom** (exemples : le cours <u>de</u> français, la salle <u>de</u> classe)
- **complément d'objet indirect** (exemples : Je parle <u>avec</u> mon frère. Il a posé une question <u>au</u> professeur.)
- **complément circonstanciel** (exemple : Je t'attends <u>sur</u> le quai <u>pour</u> prendre le TGV <u>vers</u> Paris.)
- **complément d'agent** (exemple : Le chauffard a été intercepté <u>par</u> les forces de l'ordre.)

Une même préposition, comme *de* par exemple, peut indiquer plusieurs fonctions différentes.

<u>Note</u> : **Attention à ne pas confondre certains adverbes et certaines prépositions qui ont la même forme** (exemples : depuis, devant, derrière, etc.). Pour les distinguer, retenez que les

prépositions ne peuvent pas être utilisées seules, en particulier en fin de phrase, contrairement aux adverbes.

Exemples : Il marche <u>devant</u> moi. Il est assis <u>derrière</u> le chauffeur du bus. (prépositions)

Il marche loin <u>devant</u>. Il préfère s'asseoir <u>derrière</u>. (adverbes)

L'ACCORD DE L'ADJECTIF QUALIFICATIF

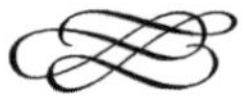

Quelles que soient sa place et sa fonction, l'adjectif qualificatif s'accorde le plus souvent en genre et en nombre avec le nom ou le pronom dont il dépend.

Exemple : des chaussettes <u>sales</u> (féminin pluriel, comme *chaussettes*)

IL EXISTE NÉANMOINS certains cas où l'adjectif reste invariable, notamment :

- **les adjectifs de couleur issus d'un nom** (exemples :
  turquoise, ivoire, marron) **ou déterminés par un nom
  ou un autre adjectif** (exemples : des yeux bleu clair, des
  pulls vert olive)
- **les adjectifs de couleur qualifiant des objets
  multicolores** (exemple : des drapeaux bleu blanc rouge)
- **nu-, demi- et mi- lorsqu'ils forment la première
  partie d'un mot composé** (exemples : une demi-heure,
  des nu-pieds)
- **les adjectifs employés commes adverbes** (exemples :
  Ces appareils coûtent assez cher. Vos téléphones
  sonnent très fort.)
- **le premier élément des adjectifs composés de
  nationalité** (exemples : l'amitié franco-allemande, les
  accords italo-américains)

Lᴏʀsǫᴜᴇ ʟ'ᴀᴅᴊᴇᴄᴛɪꜰ **se rapporte à plusieurs noms de genres
différents, il s'accorde au masculin pluriel.**

Exemples : une écharpe et un manteau noirs, une branche ou
un bâton pointus

Attention : Si l'adjectif ne se rapporte qu'à un seul des noms, il
s'accorde alors uniquement avec celui-ci.

Exemple : Pour la sortie de demain, veuillez apporter un
carnet, un stylo et un repas froid. (Seul le repas est froid, donc
l'adjectif ne s'accorde qu'avec *repas*, au masculin singulier).

Lᴏʀsǫᴜᴇ ʟ'ᴀᴅᴊᴇᴄᴛɪꜰ **se rapporte à un infinitif (ou à un groupe
infinitif), il s'accorde au masculin singulier.**

Exemple : Faire demi-tour ici serait très risqué.

Lorsque plusieurs adjectifs **se rapportent à un même nom au pluriel mais n'en désignent chacun qu'une unité, ils restent au singulier.**

Exemples : les <u>premier</u> et <u>troisième</u> jeudis du mois, les mythologies <u>grecque</u>, <u>romaine</u> et <u>nordique</u>

Lorsqu'un adjectif est utilisé **dans un groupe nominal comportant un nom collectif, il peut s'accorder soit avec le nom collectif, soit avec son complément selon le sens que l'on veut donner à la phrase.**

Exemples : une foule d'élèves massée/massés devant le panneau d'affichage des résultats, une quinzaine d'amis chère/chers à son cœur

L'adjectif *possible* **ne s'accorde généralement pas après** *le mieux, le plus, le moins.*

Exemple : Emportez le plus de vêtements <u>possible</u> !

L'adjectif *grand* **ne s'accorde pas dans certains mots composés.**

Exemples : grand-mère, grand-rue, grand-messe, grand-route, à grand peine

<u>Note</u> : Les adjectifs masculins *nouveau, fou, beau, mou* et *vieux* deviennent *nouvel, fol, bel, mol* et *vieil* lorsqu'ils précèdent un mot commencant par une voyelle ou un h muet.

Exemples : un <u>nouvel</u> espoir, un <u>fol</u> amour, un <u>bel</u> hommage, un <u>mol</u> encouragement, un <u>vieil</u> appareil

LES PROPOSITIONS

PARCOURS RAPIDE

ne proposition est un ensemble généralement formé d'un groupe verbal et de son propre sujet (parfois implicite).

On distingue les **propositions indépendantes** (qui sont parfois coordonnées ou juxtaposées), les **propositions principales,** et les **propositions subordonnées** (ces dernières pouvant elles-mêmes être conjonctives complétives, conjonctives circonstancielles, relatives, interrogatives indirectes, ou même infinitives et participiales).

Une proposition subordonnée peut dépendre d'une autre proposition subordonnée.

Lorsqu'une phrase **ne comporte qu'une seule proposition, on parle alors de *phrase simple*, ou encore de *modèle grammatical de base*.**

La proposition indépendante :

Une proposition **indépendante** peut exister seule sans que la phrase ne manque de sens.

Deux propositions **indépendantes peuvent être liées**, soit par **juxtaposition** (elles se suivent alors, uniquement séparées par une **virgule**, un **point-virgule** ou **deux points**), soit par **coordination** (dans ce cas elles sont reliées par une **conjonction de coordination** ou par un **adverbe de liaison**).

Exemples : Elles attendaient ces retrouvailles depuis des années ; elles coururent l'une vers l'autre dès l'instant où elles se virent. (juxtaposition)

Elles attendaient ces retrouvailles depuis des années et elles coururent l'une vers l'autre dès l'instant où elles se virent. (coordination)

Comme ces propositions sont indépendantes, chacune d'entre elles pourrait à elle seule former une phrase :

Elles attendaient ces retrouvailles depuis des années. Elles coururent l'une vers l'autre dès l'instant où elles se virent.

Lorsqu'une proposition dépend **d'une autre proposition, on l'appelle** *proposition subordonnée* **et celle dont elle dépend se nomme** *proposition principale.* On a dans ce cas une *phrase complexe.*

Une subordonnée peut dépendre d'une autre subordonnée qui dépend elle-même d'une principale. Notez bien qu'on ne peut pas utiliser une proposition subordonnée seule, car elle perd son sens sans la principale.

Exemple : Il m'a demandé (proposition principale) ce que je faisais dehors à une heure pareille (proposition subordonnée).

Les différentes propositions subordonnées :

- les propositions subordonnées conjonctives complétives

Elles sont toujours introduites par la conjonction de subordination **que,** et sont le plus souvent COD de verbes tels que penser, croire, estimer, espérer, etc. Plus rarement, elles sont COI et introduites par **à ce que**, **de ce que**.

Exemples : Je crois qu'il ne viendra pas. J'estime que tu aurais mieux fait de te taire. Je tiens **à ce que** tu participes à cette réunion.

- les propositions subordonnées conjonctives circonstancielles

Elles sont introduites par des **conjonctions de subordination** ou des **locutions conjonctives exprimant le temps, le lieu, la manière, la cause, etc.**

Exemples : Nous partirons <u>dès que les bagages seront prêts</u>. <u>Comme elle ne m'avait pas entendu</u>, j'ai dû l'appeler une seconde fois.

* les propositions subordonnées relatives

Elles sont introduites par un **pronom relatif** (qui, que, quoi, dont, où, auquel, duquel, etc.), et le plus souvent précédées d'un nom ou un pronom que l'on appelle **antécédent**. La subordonnée relative est une expansion du nom et donne des informations sur son antécédent.

Exemple : La maison <u>dont je te parlais</u> se trouve à côté de l'école.

* les propositions subordonnées interrogatives indirectes

Elles permettent de **rapporter une question au discours indirect grâce à un verbe introducteur** (demander, interroger, préciser, dire, etc.) **et à un mot interrogatif** (quel, qui, comment, pourquoi, comment, etc.). **Contrairement à l'interrogation directe, elles ne demandent ni l'inversion du sujet ni l'utilisation d'un point d'interrogation.**

Exemples : Je me demande <u>pourquoi il a mis tant de temps à rentrer</u>. Faites-moi savoir <u>si vous comptez venir, à quelle heure et comment vous allez vous organiser pour le voyage</u>.

* les propositions subordonnées infinitives

Elles comportent **un verbe à l'infinitif dont le sujet est**

différent de celui de la proposition principale. Elles s'utilisent le plus souvent après des verbes tels que voir, apercevoir, entendre, regarder, faire, laisser, envoyer, etc.

Exemples : Les vaches regardent passer les trains. Les professeurs laissent les enfants se dégourdir les jambes après le long trajet en bus.

- les propositions subordonnées participiales

ELLES COMPORTENT **un verbe au participe passé ou au participe présent et ont un sujet différent de celui de la proposition principale.** Leur fonction est le plus souvent complément circonstanciel de cause, de condition ou de temps.

Exemples : Leurs amis étant partis, Julie et Benjamin se mirent à ranger. Le magasin fermé, il ne put aller faire ses achats et dut trouver une autre solution.

À PROPOS DE L'AUTEUR

Christelle Molon vit en Moselle, dans le nord-est de la France, avec son mari et ses trois enfants. Passionnée de mots et de lecture depuis son plus jeune âge, elle a décidé de conjuguer son intérêt pour la grammaire, le design et les « nouvelles » technologies afin de permettre au plus grand nombre de s'améliorer enfin (et sans douleur) en grammaire et en français en général. Elle est assistante juridique dans une grande étude d'avocats au Luxembourg.

En dehors de Gramemo, elle consacre son temps libre à sa famille, à la lecture, à l'écriture, à la photographie, aux voyages et à la créativité en général.

Rejoignez-nous

www.gramemo.org
contact@gramemo.org

www.ingramcontent.com/pod-product-compliance
Lightning Source LLC
Chambersburg PA
CBHW042008140726
48006CB00001BA/9